$L6^{49}_{382.}$

OBSERVATIONS

SUR

LA LIBERTÉ DE LA PRESSE.

Se vend 50 centimes au profit des Pauvres, sans aucune retenue.

A PARIS,
DE L'IMPRIMERIE DE CRAPELET,
RUE DE VAUGIRARD, N° 9.

OBSERVATIONS

SUR

UN ÉCRIT DE M. LE Vte DE BONALD,

PAIR DE FRANCE,

INTITULÉ:

SUR LA LIBERTÉ DE LA PRESSE.

PAR

G. A. CRAPELET, IMPRIMEUR.

A PARIS,

CHEZ JULES RENOUARD, LIBRAIRE,

RUE DE TOURNON, N° 6.

22 Mars 1826.

OBSERVATIONS

SUR

UN ÉCRIT DE M. LE Vte DE BONALD,

INTITULÉ :

SUR LA LIBERTÉ DE LA PRESSE.

―――

Après avoir lu la brochure que vient de publier M. le vicomte de Bonald, pair de France, je me suis demandé comment il s'y prendrait s'il voulait écrire ou parler *contre* cette liberté; car jamais elle ne fut traitée plus hostilement. Ce n'est pas, il est vrai, sur le titre qu'on l'aperçoit d'abord; peut-être même la pensée de l'auteur ne se montre-t-elle pas tout entière dans son écrit, mais ce qui s'y trouve est vraiment effrayant pour les imprimeurs présens et à venir.

Peu d'écrivains cependant ont usé autant que M. de Bonald de la facilité que l'imprimerie offre à tout le monde de communiquer ses *Pensées* et ses *Opinions* d'une extrémité de l'univers à l'autre; mais les imprimeurs paient cher aujourd'hui cette féconde et illustre clientelle.

Ce n'est pas spécialement sous son point

de vue politique que j'examinerai la question de la liberté de la presse; mais comme M. de Bonald a déplacé aujourd'hui cette question en l'appliquant aux imprimeurs mêmes, c'est sous ce rapport que je crois pouvoir hasarder quelques réflexions. Je ne suis pas publiciste, mais imprimeur : M. de Bonald est publiciste et pair de France; peut-être aurai-je, du moins d'un côté, l'avantage de la position; et si je donne au pair de France quelques renseignemens sur la situation des imprimeurs vis-à-vis de l'autorité, cette connaissance pourra servir à éclairer sa religion sur le sort dont il les menace.

Quelles peuvent être en effet les conséquences de la brochure de M. de Bonald, publiée dans des circonstances si propices pour animer les esprits intolérans contre le prétendu fléau de la presse? Quel crédit aura-t-elle dans les Chambres? quelles mesures peuvent venir à sa suite? Voilà bien de quoi alarmer les pères de famille qui ont aujourd'hui le malheur d'être les instrumens de cette désolante liberté de la presse. Dans l'écrit de M. de Bonald il ne s'agit de rien moins que de mettre leur existence en question.

Mais pourtant, sous les rapports politiques,

que nous apprennent les sombres réflexions de l'auteur? Assurément rien qui n'ait été mille fois répété. Après les longues et lumineuses discussions des Chambres sur les lois de la presse, la plus féconde imagination produirait difficilement un argument nouveau pour ou contre ce dogme politique. Aussi ne s'en présente-t-il aucun dans l'écrit de M. de Bonald; ce qui s'y montre, c'est un vif mécontentement de ne pas encore partager avec quelques amis de son choix, l'avantage exclusif de publier ses pensées, de remuer et diriger à son gré la masse des esprits, pour les faire servir à des intérêts que lui et ses amis auraient seuls le droit d'apprécier. Si ce ne sont pas là les intentions de l'auteur, il faut de nouveau gémir sur la faiblesse des hommes, quand ceux qui passent pour les plus prudens, les plus éclairés et les plus forts, se découragent de ce qu'ils éprouvent seulement la gêne des contradictions, et que, pour trancher toutes les difficultés inhérentes à la science des gouvernemens, ils ne trouvent d'autre moyen que d'étendre un voile immense sur notre sol, sous prétexte qu'il est menacé des autans et des orages.

Mais, on l'a dit aussi mille fois, aucune puissance de la terre ne parviendrait désormais à faire rétrograder les idées nouvelles.

Aussi vous criez à l'impiété, au scandale, à la licence; vous signalez l'envahissement des doctrines pernicieuses, des attaques contre la religion, l'anéantissement de la morale, l'oubli des devoirs, le relâchement de tous les liens sociaux, et vous chargez de tous ces maux, non plus seulement la liberté de la presse, mais les imprimeurs. D'où contemplez-vous donc toutes ces misères? d'un poste éminent que vous devez à nos institutions mêmes, à ces institutions dont le Roi vous rend les gardiens, et que vous ne conserverez, vous et tous les bons Français, amis de leur Roi et de leur patrie, que par le maintien de la liberté de la presse!

Vous les découvrez encore ces iniquités, dans le silence du cabinet où vos esprits s'allument à la lecture de quelques discours hardis, que nos magistrats ne jugent pas aussi sévèrement que vous, parce que nos magistrats sont et doivent être exempts de préventions, et étrangers à toutes les influences qui vous environnent, peut-être même à votre insu!

Vous criez à l'impiété! Est-ce donc de nos jours que l'on aurait cru nécessaire de composer un traité de l'*Existence de Dieu?* Et si la voix éloquente et persuasive de Fénelon pouvait de nouveau se faire entendre parmi nous, ne s'adresserait-elle pas autant aux pasteurs qu'aux troupeaux? Dans quelles classes de la société trouverait-il des ambitions à réprimer, des haines à déraciner, des vanités à humilier, des prétentions à confondre? Nos églises ne sont plus assez vastes pour contenir la foule des fidèles. Eh! qui la compose cette multitude de fidèles que vous dépeignez si agitée, si travaillée par la liberté de la presse? Ce ne sont pas sans doute quelques individus, dévotieux d'hier, empressés d'occuper les places les plus apparentes dans les églises, et qui se prosternent d'autant plus bas au pied de la croix de notre Sauveur que leurs espérances mondaines sont plus élevées. Dans nos ateliers, je vois des ouvriers (et c'est le plus grand nombre) laborieux, honnêtes, bons pères de famille, économes et rangés. Il s'en rencontre aussi d'indociles, de grossiers, de paresseux, de débauchés : pensez-vous que ce serait agir en sage administrateur que d'user de rigueur envers les bons, à cause de l'inconduite des mauvais? Serait-ce donc mieux gouverner la société que de la priver des avantages de la liberté de la presse, parce qu'elle peut être passagèrement inquiétée par quelques mauvaises têtes d'écrivains turbulens, mécontens de tout et d'eux-mêmes; par quelques cerveaux troublés, qui rêvent sans cesse une perfection imaginaire? A-t-on jamais pensé dans le siècle de l'alchimie à faire disparaître l'or, parce que des malheureux exploitaient toutes les substances pour fabriquer ce métal? ils ont long-temps soufflé le feu, ils se sont consumés eux-mêmes. Arracherez-vous vos vignes, parce que nombre d'individus s'enivrent avec vos vins capiteux, et peuvent commettre de grands désordres? Non; vous répondrez que le vignoble est chose productive, excellente en soi, et que les excès qui peuvent en résulter sont les abus d'une bonne chose. La liberté de la presse n'est-elle pas le vignoble du domaine politique? les rapports sont frappans.

Je conviens avec vous qu'il ne doit pas être aussi commode de gouverner un état avec la liberté de la presse que le faisaient à l'ombre de l'autorité royale, mais trop souvent de leur pleine puissance, les Richelieu, les Colbert, les Louvois, voire le bon Sully; mais avant vous, un ministre justement estimé et maintenant regretté (M. le baron Pasquier) le disait ouvertement à la tribune, et il le disait avec une franchise que l'on répudie aujourd'hui de tout côté, et dont la perte est vivement sentie par les cœurs généreux. Ce que vous écrivez à présent (1826), me permettrai-je de dire que je l'écrivais, sous certains rapports, en 1816, alors qu'un déluge d'écrits politiques menaçait d'anéantir notre littérature, alors que les ministres du Roi, tiraillés dans tous les sens, pouvaient à peine se maintenir en équilibre, alors que des obstacles de toute nature entravaient la marche de la Restauration. Rien n'était fait encore de ce qui s'est exécuté depuis; l'ordre social n'était pas encore raffermi sur ses bases, ébranlées par les invasions étrangères. Mais si l'on a dépassé le but qu'il fallait atteindre, la liberté de la presse est aujourd'hui aussi nécessaire qu'elle pouvait être inutile, dangereuse même il y a dix ans. Je demande grâce au lecteur de transcrire un passage de mon opuscule; mais si la cause a

changé de face, mes sentimens sont les mêmes. J'aurais donné mon vote, il y a dix ans, pour la *suspension* de la liberté de la presse; je l'invoquerais aujourd'hui plus puissante que jamais. Quoi qu'en dise M. de Bonald, un autre sentiment que celui de l'intérêt peut animer les imprimeurs. « S'il fallait croire à la bonne foi
« du plus grand nombre des écrivains politi-
« ques, à leur désir sincère d'être utiles à leur
« patrie, à leurs concitoyens, à leur Roi, ne
« faudrait-il pas s'étonner plus que jamais de
« l'étrange inconséquence des hommes. Trois
« années ont donc bien changé la nature des
« esprits en France? Quelle puissance sous Bo-
« naparte même aurait pu enchaîner la voix
« des amis de la vérité? N'y avait-il donc rien
« à reprendre sous ce gouvernement? Tout y
« était-il parfait? Que si quelques discours se
« firent parfois entendre, n'étaient-ils pas dictés
« par la plus basse adulation? Signalèrent-ils
« jamais un seul abus, une seule erreur.

« Et aujourd'hui que la vertu réside sur le
« trône, et forme le plus bel apanage de la
« famille royale; aujourd'hui qu'un prince au-
« guste, resplendissant de génie et de lumières,

« vénéré des souverains étrangers comme le fut
« un roi de ses aïeux, travaille d'inspiration de
« cœur pour assurer la gloire et le bonheur de
« ses enfans, mille voix s'élèvent pour l'instruire
« dans l'art de gouverner, mille entraves nais-
« sent les uns des autres pour s'opposer au bien
« qu'il veut faire, et au rétablissement de l'or-
« dre, sans lequel rien n'est possible » (1). Rien
n'était en effet plus désolant que d'entendre alors
les criailleries des écrivains de tous les partis.
Chacun disait: Ils vont trop loin; ils perdront les
libertés publiques; et ils ont en effet perdu la
force d'opposition parce qu'ils ont abusé de la
liberté de la presse. Quand l'esprit d'un peuple
est assez judicieux pour discerner ce qui convient
à sa dignité et à ses intérêts, il ne peut pas être
aussi difficile à gouverner que vous le dites;
seulement il faut le bien prendre. Il faut surtout
éviter de le jeter dans des excès contraires.
Vous avez rendu à la religion tout son empire,
toute sa splendeur même; vous avez réparé, autant qu'il était possible, les maux de la révo-

---

(1) *Réflexions sur les écrits politiques de* 1816.
(Paris, décembre 1816, *in*-8°.)

lution; vous avez rétabli l'ordre par les lois; vous nous aviez restitué les franchises de la presse comme gage de vos intentions loyales, et vous demandez qu'on nous les retire aujourd'hui parce que cette liberté vous importune! Mais s'il vous est désormais impossible de détruire l'amour des Français pour les Bourbons, ne craignez-vous pas du moins de détruire la popularité si nécessaire à l'action du gouvernement! Déclarez donc toute votre pensée : la liberté de la presse une fois éteinte, il ne restera plus debout qu'un fantôme de gouvernement représentatif; voilà ce que vous désirez; voilà où vous en voulez venir.

Voyez ce qui arrive aujourd'hui pour le livre de M. de Montlosier; la presse ne peut suffire à sa consommation. Peut-être eût-il été à peine remarqué il y a dix ans; on était fatigué de plaintes et d'attaques : on a besoin aujourd'hui de défenseurs; on salue avec joie un fanal qui signale les écueils.

Si nous étions privés de la liberté de la presse, ou seulement gratifiés de la censure, le Mémoire de M. de Montlosier aurait-il vu le jour? Non assurément; tandis que les œuvres de M. de

Bonald et consorts seraient partout répandues sans trouble et sans atteinte. La publication du Mémoire de M. de Montlosier peut être citée comme un exemple entre mille des avantages de la liberté de la presse, que M. de Bonald « assure « chercher de très bonne foi, et qu'il n'aperçoit pas » sans doute parce qu'il ne veut pas les voir. Mais si cet exemple ne lui suffisait pas, peut-être serait-il plus frappé de celui-ci, qui lui est personnel? Je demande si la censure, et je la suppose toute bienveillante et presque aveugle pour les écrits de M. de Bonald, permettrait l'impression d'une phrase telle que celle-ci : « Aujourd'hui « que les États ont tous, les uns chez les autres, « d'honnêtes espions accrédités sous le nom de « ministres et d'ambassadeurs....... la presse « la plus libre ne peut rien apprendre aux gou- « vernemens. » Certainement, si telle est l'opinion d'un pair de France, il doit reconnaître quelque avantage à pouvoir la manifester de cette manière, quand presque tous nos ambassadeurs sont comme lui pairs de France.

Mais d'ailleurs, si l'imprimerie avait perdu tous ses titres à la bienveillance et aux encouragemens de M. de Bonald, elle les re-

trouverait toujours dans les témoignages de gratitude et de protection que lui ont si longtemps accordés nos Rois depuis sa découverte. Voici comment les Déclarations et Ordonnances de Louis XII, surnommé le *Juste* et le *Père du peuple*, reproduites par ses successeurs, proclamaient la gloire et les bienfaits de cet art merveilleux. « Pourquoi, Nous, ces
« choses considérées, voulant notredite fille
« l'Université de Paris, et nommément lesdits
« libraires, relieurs, illumineurs et escrivains,
« qui sont les vrais suppôts et officiers esleus par
« tout le corps de l'Université, être entretenus
« en leurs libertez, priviléges, franchises, exemp-
« tions et immunitez, et que d'iceux ils jouissent
« et usent entierement, pleinement et paisible-
« ment, sans permettre qu'ils leur soient aucu-
« nement enfreins, diminuez ou enlevez, POUR
« LA CONSIDÉRATION du grand bien qui est advenu
« en notre royaume au moyen de l'art et science
« de l'impression, l'invention de laquelle semble
« être plus DIVINE que humaine; laquelle,
« grâces à Dieu, a été inventée et trouvée de
« notre temps, par le moyen et industrie des-
« dits libraires, par laquelle notre SAINTE FOI

« Catholique a été grandement augmentée et
« corroborée, Justice mieux entendue et admi-
« nistrée, et le Service Divin plus honorable-
« ment et plus curieusement fait, dit et célébré ;
« au moyen de quoi tant de bonnes et salutaires
« Doctrines ont été manifestées, communiquées
« et publiées à tout chacun ; au moyen de quoi
« notre Royaume precelle tous les autres ; et
« autres innumérables biens qui en sont procedez
« et procedent chaque jour, à l'honneur de Dieu
« et augmentation de notredite Foy catholique,
« comme il est dit. Pour ces causes, » etc., etc.

Cette reconnaissance toute royale pour les bienfaits de l'imprimerie, vous paraît-elle assez authentique? ces paroles sacrées vous suffiront-elles du moins pour suspendre votre courroux, et détourner les châtimens nouveaux dont vous voulez frapper si injustement les imprimeurs actuels ; tandis que les vrais coupables semblent être Guttenberg, Fust, Schoiffer, les inventeurs de cette machine *diabolique* selon vous, ou bien plutôt les docteurs de Sorbonne qui l'ont introduite à Paris en 1469, en y appelant les nommés Ulric Gering, Crantz et Friburger!

Vous voulez à toute force des moyens de répression contre la licence de la presse : tous les bons esprits en sont d'accord ; mais la difficulté sera toujours de bien définir où s'arrête cette liberté et où commence cette licence. Si vous parvenez à établir la distinction d'une manière aussi claire, aussi précise, aussi invariable qu'est la table de multiplication de Pythagore, les imprimeurs accepteront une responsabilité qui, dans aucun autre cas, ne doit peser sur eux.

M. de Bonald ignore sans doute que la situation actuelle de l'imprimerie, telle qu'elle est régie sous la surveillance si active et si exigeante du Directeur de la police, offre contre les imprimeurs toutes les garanties que le Gouvernement peut désirer. Les lois existantes sur la presse, qui vous paraissent insuffisantes pour réprimer la licence des écrits, ont cependant une force accablante contre les imprimeurs dans les mains du Directeur. Un seul oubli, une seule infraction, involontaire même, aux réglemens, suffit pour nous faire traduire devant les tribunaux ; et notre brevet, par le seul fait d'une condamnation, peut nous être retiré ; avec lui nous perdons notre crédit, notre établissement : notre ruine est consommée.

« Ne veut-on plus absolument de censure? » ajoute M. de Bonald. Assurément on ne veut plus de censure, parce qu'il ne peut pas exister de liberté de la presse avec la censure. Français, dévoué à ma patrie et à mon Roi, étranger à toutes relations de système ou de partis, je le déclare du fond de mon cœur, avec la conviction la plus intime : je regarde cette liberté comme la sauvegarde du trône et de toutes nos institutions ; je déplorerais sa perte comme la plus grande des calamités qui pût aujourd'hui frapper la France et les Bourbons. Aucun trône ne possède une famille à qui il soit plus facile de se faire aimer, même jusqu'à l'adoration. Ses augustes Martyrs, ses longues douleurs ont scellé l'alliance éternelle des Bourbons avec le cœur des Français, comme la croix et les souffrances de notre Divin Rédempteur ont scellé la réconciliation des hommes avec Dieu : et cependant, on veut maintenant gouverner les Français comme s'ils étaient des ennemis de leur Roi, oubliant ainsi que les trônes et les Rois ne sont jamais plus forts que par l'amour du peuple, parce que chez le peuple l'amour est un sentiment de reconnaissance pour le prince, et n'est jamais l'effet d'un calcul. Les calculateurs au contraire, qui paraissent animés de tant de ferveur et de tant de zèle pour le prince, jettent l'inquiétude dans son âme, suscitent des craintes pour engendrer des mécontentemens, et provoquer ensuite des mesures de rigueur et de prévoyance qui cachent toujours des envahissemens de pouvoir. Sur quel point de la France vient-il donc d'éclater des troubles, des séditions, des proclamations à la révolte, pour provoquer la suppression de la liberté de la presse, et déclarer ainsi la société en état de déchéance? Avez-vous appris que les instrumens de cette liberté aient ourdi des complots pour les désigner sur l'heure, et appeler sur eux la vengeance de nouvelles lois ?

« Il faut changer, dit M. de Bonald, un « mode de répression devenu illusoire et le faire « porter sur l'imprimeur seul, en lui laissant « son recours contre l'auteur. » Si c'est là de l'équité, autant vaut proposer une loi qui ordonne la destruction immédiate de toutes les presses, et le bannissement de deux mille familles qui sont pourvues en France d'un établissement d'imprimerie. Dans quelle religion, dans quelle morale trouve-t-on de pareils principes; je vois au contraire que le *grand maître en morale*, que vous citez, dit aussi, « *chacun sera jugé selon ses œuvres* ». Est-il donc l'œuvre de l'imprimeur l'écrit que l'auteur a composé? Le jardinier à qui vous ordonnez de planter un arbre jouira-t-il de son ombrage, ou sera-t-il mis en cause si l'arbre renversé par une tempête vient à blesser des voyageurs? supportera-t-il aucune perte si cet arbre est condamné à être abattu parce que vous l'aurez fait planter dans un lieu défendu par les réglemens?

Et si l'auteur éprouvait partout le refus d'imprimer, pensez-vous qu'il lui serait plus difficile de faire circuler son libelle. Supposez que l'imprimerie n'existe pas, il y aura des scribes; la pièce sera copiée, recopiée, et bien plus clandestinement que par les presses, s'il est croyable que des imprimeurs osent tenter une fabrication clandestine. Et à défaut de presses en France, songez-vous que les presses de Bruxelles et de Genève nous entourent! L'auteur doit être seul responsable de ses écrits; et c'est ce que les lois actuelles prescrivent avec autant de raison que d'équité; elles ne demandent pas même le nom de l'auteur, car s'il n'est pas connu l'imprimeur prend sa place devant les tribunaux. Et cette prudence de la loi, ce que M. de Bonald ignore encore, a eu souvent d'excellens effets ; car beaucoup de brochures n'ont pas vu le jour parce que les auteurs qui nous en proposaient l'impression ne voulaient pas que leur nom fût divulgué.

« La presse libre n'empêche rien » selon M. de Bonald. Elle n'empêche donc ni le mal ni le bien de se faire : mais alors c'est une machine inerte dont il est assez inutile de s'occuper. Je pourrais assurer au moins qu'elle n'*empêche* pas la propagation des bons livres, car il est sorti de mes presses, seulement en 1825, plus de *trente mille* exemplaires de différens livres de Prières et de Religion, Paroissiens complets, Petits Paroissiens, Petites Heures, Offices, Vies des Saints etc., etc.; tandis que dans les années précédentes le nombre montait à peine à *trois mille* exemplaires. Calculez ensuite, si c'est possible, le nombre de ceux imprimés dans les autres maisons de Paris et de toute la France, et demandons aux Douanes s'il sort de notre pays un seul exemplaire de cette masse prodigieuse de volumes. Il faut donc bien qu'ils se répandent dans toutes les classes de la société; et assurément la liberté de la presse n'a pas empêché les esprits de se soumettre à une direction quelconque, sans laquelle on ne serait pas parvenu si rapidement à une telle consommation, qui est bien près d'être l'abus d'une bonne chose.

« Mais, dites-vous encore, *les imprimeurs ne « sont pas des instrumens aveugles*, des ma- « chines qui assemblent des caractères sans sa- « voir ce qu'ils signifient ». Conséquemment vous les regardez toujours comme complices des auteurs. Quoique M. de Bonald ait fait souvent gémir les presses, il ne me paraît pas avoir la moindre idée de ce qui se passe dans les imprimeries. Ceux qui assemblent les lettres, et qui sont les premiers qui saisissent tant bien que mal le sens des phrases qu'ils composent, sont des ouvriers compositeurs. Voilà les premiers instrumens qu'il faudrait rendre responsables. Viennent ensuite les premier, second, troisième correcteurs, qui s'occupent de corriger les fautes typographiques; qui ne s'arrêtent dans leur lecture que lorsqu'ils rencontrent des non-sens ou des injures contre la langue. Ne faut-il pas aussi leur infliger des punitions? Et le maître imprimeur que fait-il donc? Il s'occupe de maintenir l'ordre général dans son établissement, de disposer le travail de ses ateliers avec méthode; de réunir les fonds nécessaires à payer régulièrement le salaire de ses ouvriers; et peut-être trouverait-on quelques imprimeries où le maître n'a pas le temps de jeter les yeux une fois par semaine sur ce qui s'imprime chez lui. Il est ou doit être sûr de ses relations, connaître le nom et la demeure de ses commettans; le reste ne le regarde plus, et va directement à la Direction de la librairie, avant toute mise en vente. Il s'empresse de se conformer à toutes ses obligations; peut-on exiger davantage?

Voilà ce que savait apparemment M. de Lamoignon de Malesherbes lorsqu'il écrivait précisément le contraire de ce qu'avance M. de Bonald. « *Les imprimeurs*, dit cet illustre ma-
« gistrat, *sont des instrumens aveugles*; et l'on
« ne peut avec raison les rendre coupables de
« ce qui est contenu dans un ouvrage qui passe
« leur portée, et dont ils ne pourraient prévoir

« toutes les applications, quand ils seraient plus
« éclairés que leur état ne le comporte. (1) »
M. de Bonald voudra-t-il encore, d'après cette
opinion de quelque poids, nous établir censeurs
et juges des écrits. Aucun de nous n'accepterait
certainement cet office; et je vois en outre qu'il
se trouverait fort peu de personnes capables de
le remplir avec toute la sagacité que pourraient
le requérir des administrateurs intolérans ou
accessibles à toutes les préventions, suivant la
fluctuation des opinions ou suivant la marche
de tel ou tel système, qui fait que ce qu'on
permettrait d'imprimer et de publier un jour
serait défendu le lendemain, comme nous l'avons vu souvent.

Les raisonnemens par lesquels M. de Bonald
motive les peines qu'il faut infliger aux imprimeurs ont une naïveté et une candeur surprenantes. Exemple :

« Si un fourbisseur forgeait un poignard sur
« lequel fussent gravés ces mots : *Poignard pour*
« *assassiner une telle personne*, et que cette

---

(1) *Second Mémoire sur la Librairie, et la Liberté
de la Presse*, p. 36, in-8°, 1809.

« personne fût assassinée, le fourbisseur serait
« certainement poursuivi comme complice du
« crime. Eh bien! sur *tous les mauvais livres*, il
« est écrit : *Poison pour le public*, et l'impri-
« meur qui le prépare et le répand ne peut être
« innocent. »

Mais commencez donc par me faire connaître quels sont ces *mauvais livres ;* jusque-là je n'aperçois pas votre étiquette. Et qui chargerez-vous de faire ces étiquettes? Qui se sentira assez fort de lui pour écrire l'indication précise que vous donnez? Voilà ce que demandent les imprimeurs. Je n'assurerais pas que le même écrit *politique,* examiné par deux personnes honnêtes et instruites, ne fût remis à l'imprimeur avec deux étiquettes, dont l'une porterait : *Poison pour le public*, et l'autre, *Elixir parfait pour le public.*

En conséquence de ce poison *préparé* et *répandu* par l'imprimeur (ce qui supposerait qu'il est ensemble *imprimeur* et *libraire*), M. de Bonald veut « que les peines soient fortes pour « qu'elles soient efficaces ». Et voilà que M. de Malesherbes veut encore précisément tout le contraire, ainsi qu'il suit : « Ce n'est pas dans

« la rigueur qu'il faut chercher un remède à la
« publication des livres qui peuvent déplaire,
« c'est dans la tolérance. Je ne connais qu'un
« moyen de faire exécuter les défenses, c'est
« d'en faire fort peu ; elles ne seront respectées
« que quand elles seront rares ». Certainement
M. de Malesherbes et M. de Bonald peuvent
passer pour des hommes de bien, quoique leurs
opinions soient tout-à-fait opposées. Nous devons donc nous rassurer un peu sur les mesures
qui pourraient être prises ultérieurement contre
les imprimeurs en considération de l'écrit de
M. de Bonald. Je me consolerai surtout de ne
pas partager son sentiment, quand je connais
celui de M. de Malesherbes ; mais je ne me consolerai jamais de voir des hommes élevés en
talens et en dignité se montrer les premiers à
provoquer les *peines les plus fortes* contre de
paisibles citoyens, qui demandent seulement
à exercer leur profession sans trouble, parce
qu'ils ne veulent rien troubler dans l'état;
à les dépeindre comme des fauteurs de révolte et de discorde ; à appeler sur eux les
rigueurs de l'autorité administrative, déjà si
sévère ; à leur attirer aujourd'hui les dis-

grâces du gouvernement, tandis que nos prédécesseurs n'en recevaient que des faveurs et des bienfaits; à discréditer nos établissemens, en rendant leur possession précaire et dangereuse; enfin à jeter l'alarme et le désespoir dans nos familles.

FIN.

www.ingramcontent.com/pod-product-compliance
Lightning Source LLC
Chambersburg PA
CBHW060634050426
42451CB00012B/2585